St~ Barth
French West Indies

CHARLES & CHRISTINE DIDCOTT

Concepts Publishing, Inc.

First published in the USA 1997 by Concepts Publishing Inc.
P.O. Box 1066, Waitsfield, Vermont, 05673
(802) 496-5580 Fax (802) 496-5581

Art Director: Dana Jinkins
Editor: Jill Bobrow
Editorial Assistant: Susanna McIlwaine
French Translation: Lise Wexler

Design and Production: Megan D. Gadd

First Edition

Library of Congress Cataloging-in-Publication Data:

Didcott, Charles.
St. Barth, French West Indies / Charles (photographs)
and Christine (descriptive text) Didcott.
p. 144   cm.
English and French
ISBN 0-393-04612-5
1. Saint-Barthélemy ~ Pictorial works.
2. Saint Barthélemy ~ Description and travel.
I. Didcott, Christine. II. Title.
F2089.D53   1997
972.9'76 -- dc21   97-13684
CIP

Printed in China through Palace Press International

CONTENTS

INTRODUCTION   2

MAP OF ST. BARTH   4

AU SUJET DE L'ILE   6

GUSTAVIA ET ANSE DE GRAND GALET   13

GOUVERNEUR ET GRANDE SALINE   41

GRAND FOND ET TOINY   55

GRAND ET PETIT CUL-DE-SAC   67

POINTE MILOU ET LORIENT   77

SAINT-JEAN   89

ANSE DES CAYES ET FLAMANDS   103

COLOMBIER ET COROSSOL   113

CARNAVAL   127

REMERCIEMENTS   136

INTRODUCTION

My island has changed flags many times—ultimately, and to my great pleasure, to fly the French flag without renouncing its Swedish heritage in the process, which pleases me just as much. This island—French—has succeeded in reconciling both nationalities and in the end remained itself, Saint Barthélemy.

Born of a poor but respectable family, I grew up amidst difficulties that might seem to some now to be the stuff of tales, but my oldest friends are there to bear witness to them. Nevertheless, despite the vicissitudes of life, I never ceased to proclaim loudly and clearly at every opportunity given to me the beauty of my country and the kindness of its people. Every hour, every day, sparing neither time nor effort at each encounter, to each visitor, I extolled the qualities and potential of my country, and asked them to be our spokesperson among their acquaintances.

Mon île a changé plusieurs fois de drapeau, enfin, pour battre définitivement, et á mon grand plaisir, pavillon français, sans pour autant renier son passé Suédois, ce qui me plait tout autant. Cette île, Française, a su très bien concilier les deux types de nationalités, pour en fin de compte rester elle même, Saint-Barthélemy.

Né d'une famille malheureuse, mais respectable, j'ai grandi dans des difficultés qui pourraient paraître pour certains, actuellement, relever de conte ou d'affabulations, mais mes amis de la première heure sont là pour en témoigner.

Cependant, malgré toutes les vicissitudes de la vie, je n'ai jamais cessé de crier haut et fort partout où l'occasion m'était donné de le faire, la beauté de mon pays et la gentillesse de sa population. Chaque heure, chaque jour, sans ménager ni mon temps, ni ma peine á chaque rencontre, á chaque visiteur, je vantais les qualités et les potentialités de mon pays,

Timid growth fifty years ago, slight acceleration during the 1960s, and for fifteen years now, unrestrained expansion…This rapid growth is not without risk, since it is generally accompanied by socio-economic calamities such as unemployment, violence, intolerance, et cetera.

In my desire to praise and to make known this island that is so dear to me, and when I see the direction it has taken, I wonder: did I praise it too highly, or have I been a sufficiently prudent ambassador?

Saint Barthélemy remains nonetheless the most beautiful and hospitable island of the Caribbean.

et leur demandais d'être dans leur entourage, notre porte parole.

Timide développement il y a cinquante ans, légère accélération dans les années soixante; et depuis une quinzaine d'années, une expansion effrénée. Cette rapide croissance n'est pas sans risque, car généralement accompagnée de fléaux socio-économiques tels que chômage, violence, intolérance, etc.

Dans mon désir de valoriser et de faire connaître cette île qui m'est très chère, et quand je vois l'orientation prise par celle-ci, alors, je m'interroge : ne l'ai je pas trop vantée, ou alors ai je été un ambassadeur suffisamment avisé.

Saint-Barthélemy reste tout de même l'île la plus belle, la plus accueillante des Caraïbes.

Marius Stakelborough

Marius Stakelborough
Chevalier de l'Ordre Royal de l'Etoile Polaire
Knight of the Royal Order of the Polar Star

On the island, Marius is probably best known for his extremely popular bar in Gustavia, "Le Select."

Sur l'île, Marius est probablement beaucoup mieux connu pour son bar extrêmement populaire de Gustavia, "Le Select."

Hvar afdelning innehåller 1000 Fransha Fot. och tjenar till Scala för Öns mätning

80

Le Bouef

Pointe a Colombier

Ance de Colombier

Isle de la Pointe

La Petit Ance

Ance des P.

Ance du Gros Jean

Quartier de Colombier

Quartier des Flam

Ance de Petit Jean

Ance de Gascogne

Ance de Raine

Quartier

A. Corocol

A. Publ

Les Islettes

La Balaine

Le Car

CHARTA
öfver
ÖN S.t BARTHELEMY
Konungen af Sverige
GUSTAF DEN IV. ADOLPH
i underdånighet tilegnad
af Författaren
SAMUEL FAHLBERG.

La Pain a Sucre

Les Saintes

Petite Ance

Grande

Quarterens och Habitationernes Antal
samt deras innehåll uti Arpents du Roi.

Quarterens Namn	Habitationernes Antal	Innehåll uti Arpents du Roi
Colombier	24	20
Flamand	6	66
Du Roi	4	68
Coroçol	9	55
Public	10	31
St. Jean	16	250
D'Orient	25	283
Marigot	4	117
Grand Cul de Sac	4	188
a Toiny	2	171
Grand Fond	12	123
Grande Saline	7	210
Gouverneur	8	164
Carènage	4	68
14	135	2072

Uttydning.

- Fransk Kyrka.
- Habitanternes Hus.
- Cistern.
- Brunn.
- Allmän Väg.
- Gång Stig.
- Gamla Vulcan öpningar.

A. Gustaf III:s Batterie.
B. Gustaf Adolphs Batterie.
C. Carls Batterie.
D. Cistern Batterie.
E. St. Jeans Batterie.

Begrafnings Plats.

Staden Gustavia
belägen på Öns vestra sida kringom hamnen le Carènage, består af 48 med Ga-tor kringslutne Qvarter, samt 16 endast på trenne sidor omgifna; hvilka tillsammans intaga en Rymd af 3,042,800 8 fransha qvadrat fot. Desse 64 Qvarter äro nu enligt Jorde Boken samt Chartan öfver Staden och Dess Egor fördelte uti 374 Tomter och bebygde med 873 större och mindre Hus, jemte 32 Cisterner. Tillämnade Byggna-der och Cisterner ej upptagne.

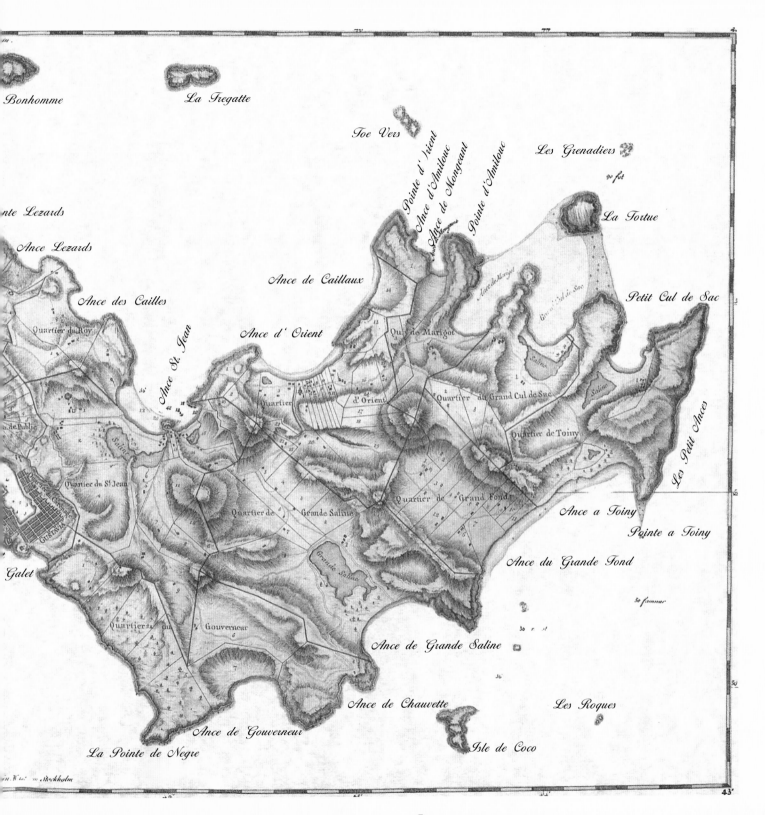

Bonhomme

La Fregatte

Joe Vers

Les Grenadiers

Pointe d'Orient

Ance d'Amitoue

Ance de Morgeant

Pointe d'Amitoue

La Tortue

nte Lezards

Ance Lezards

Ance de Caillaux

Petit Cul de Sac

Ance des Cailles

Ance de Marigot

Quartier du Roy

Ance d' Orient

Grand Cul de Sac

Quai de Marigot

Ance St. Jean

Saline

Quartier du Grand Cul de Sac

de Public

Quartier d'Orient

Quartier de Toiny

GUSTAVIA

Quartier du St. Jean

Saline

Quartier de Grande Saline

Quartier de Grand Fond

Les Petit Ances

Galet

Grande Saline

Ance a Toiny

Pointe a Toiny

Ance du Grande Fond

Quartier du Gouverneur

Ance de Grande Saline

Les Roques

Ance de Chauvette

La Pointe de Negre

Ance de Gouverneur

Isle de Coco

5

Au Sujet de l'Ile

When Christopher Columbus sailed past this island in 1493, he named it for his brother Barthelemeo, but did not stop to explore. Today, instead of being passed by, Saint Barthélemy—or St. Barth, as it's commonly known—is one of the Caribbean's most sought-after vacation destinations. Its name conjures up visions of sun, sea, fun and beautiful people. This 25-square-kilometer island gem is renowned for its distinctive French flair, sophistication and fine cuisine, all in a very relaxed atmosphere.

St. Barth is part of the lesser Antilles chain and came into being through volcanic action. Although sighted by Columbus, the island was not colonized by Spain and it remained the preserve of the Carib Indians who

Lorsque Christophe Colomb passa au large de cette île en 1493, il la nomma en l'honneur de son frère, Barthelemeo, mais il n'y fit pas escale pour l'explorer. Aujourd'hui, les gens ne se contentent pas de passer au large, bien au contraire : Saint-Barthélemy—ou Saint-Barth comme on l'appelle communément—est une des destinations vacances les plus prisées des Antilles. Son nom évoque le soleil, la mer, le *fun* et des gens très beaux. Cette île de 25 km² est un vrai bijou, renommé pour sa haute cuisine et sa sophistication et son flair français, offerts dans une ambiance agréable et très détendue.

Saint-Barth est une île de formation volcanique faisant partie de la chaîne des Petites Antilles. Bien que l'île ait été aperçue par Christophe Colomb, elle

came to the island they called Ouanalao primarily to gather seafood. It was not until the mid-17th century that a group of French settlers arrived from nearby St. Kitts (St. Christopher) to establish a colony on St. Barth. This French influence has been predominant since that time, despite an extremely cosmopolitan mix of both visitors and inhabitants, including Carib Indians, pirates and buccaneers, Huguenot settlers from Brittany and Normandy, sailors, fishermen and traders from many nations. This melange has served to enrich the island's language and traditions, evolving into a culture that is unique to St. Barth.

The second significant factor in the island's development is the period of Swedish rule, which commenced in 1785. Saint Barthélemy was exchanged for free-port rights in Göteborg, Sweden by King Louis XVI of France, and the town of Carénage was renamed Gustavia in honor of the Swedish King, Gustav III. Sweden invested a considerable amount of money in its new possession, paving streets, constructing a town hall and three forts (Karl, Octave and Gustav,) the remains of which can be seen on the hills surrounding the town. Other signs of the island's Swedish history are the street names and architectural style of several buildings which remain

ne fut pas colonisée par l'Espagne et elle demeura la réserve des indiens caraïbes, qui l'appelaient Ouanalao et qui la fréquentaient pour la pêche des fruits de mer. Ce ne fut qu'au milieu du XVIIième siècle qu'un groupe de colons français vint de l'île voisine de Saint-Kitts (Saint-Christophe) pour s'installer sur Saint-Barth. L'influence française domine depuis cette époque, malgré le mélange extrêmement cosmopolite de visiteurs et de résidents, dont indiens caraïbes, pirates et boucaniers, colons Huguenots originaires de Bretagne et de Normandie, marins, pêcheurs et commerçants originaires d'un grand nombre de nations. Ce mélange enrichit la langue et les traditions de l'île et évolua pour créer une culture qui est unique à Saint-Barth.

Le deuxième facteur le plus important dans le développement de l'île fut la période de domination suédoise qui commença en 1785. Le roi de France Louis XVI céda l'île de Saint-Barthélemy contre des avantages commerciaux de port franc à Göteborg, en Suède. La ville de Carénage devint Gustavia en l'honneur du roi de Suède, Gustav III. La Suède investit des sommes considérables dans ce nouveau territoire, y pavant les rues et construisant un hôtel de ville et trois forts (Karl, Octave et Gustav,) dont les vestiges sont encore visibles sur les collines entourant la ville. D'autres indices trahissant le passé suédois de l'île sont les noms des rues et le style

in and around Gustavia today. Sweden bestowed free-port status on the island in September 1785, and this has been retained until the present day, providing a substantial boon to the economy. Duty-free shopping is a popular leisure activity among visitors to the island. Ownership of St. Barth changed again when Sweden sold the island back to France in 1876.

A third important influence in the history and development of St. Barth is the lack of a natural water source on the island—there are no rivers or streams. Cultivation of crops and raising livestock are very difficult. Slaves were never brought to the island in large numbers, as they were to nearby colonies, because sugar cane could not be grown in sufficient quantities for commercial enterprise.

Despite the construction of a desalination plant, water remains a very precious and expensive commodity on St. Barth. The shortage of it necessitates that most perishable goods are flown to the island from Europe, the United States and South America, contributing to the high price of most foodstuffs.

Today St. Barth is administered from Guadeloupe as a commune of France. The elected mayor oversees the affairs of the island's 6,500 residents, a number that can more than double during the peak winter tourist season. Fleeing the

d'architecture de plusieurs bâtiments existant encore aujourd'hui à Gustavia. La Suède conféra le statut de port franc à l'île en septembre 1785, statut qu'elle possède encore de nos jours et qui contribue énormément à l'économie locale. Les achats hors taxes constituent un passe-temps apprécié par les visiteurs. La France reprit possession de Saint-Barth en 1876 lorsque la Suède lui revendit l'île.

Un troisième facteur influençant l'histoire et le développement de Saint-Barth est le manque de toute source naturelle d'eau sur l'île—on n'y trouve ni fleuve ni ruisseau. L'agriculture et l'élevage du bétail sont donc très difficiles. On ne fit jamais venir un grand nombre d'esclaves à Saint-Barth, comme on le fit dans les îles avoisinantes, vu l'insuffisance des quantités de canne à sucre produites pour en faire une véritable entreprise commerciale.

Malgré la construction d'une usine de dessalement, l'eau reste une matière première très précieuse sur l'île de Saint-Barth et la pénurie d'eau exige l'importation par avion de la plupart des denrées périssables, ce qui contribue aux prix élevés de la plupart des produits alimentaires.

Aujourd'hui Saint-Barth, la plus petite île des Antilles françaises occidentales, est gérée comme une commune de la Guadeloupe, un département français d'outre-mer. Un maire, dûment élu, surveille les affaires des 6.500 habitants de l'île, population

cold of Europe and North America, visitors arrive by air, (landing on the airport's notoriously short landing strip), or by sea on private vessels or large cruise ships. Tourism provides income for many of the island's inhabitants, supporting hotels, restaurants, boutiques, and car and villa rental agencies.

In addition to its balmy turquoise waters and white-sand beaches, a large part of the island's charm is its reputation for being safe, clean and quiet. It is this peaceful character that has contributed to St. Barth being host annually to a large number of the world's jetset—film and rock stars, models, royalty and heiresses. In keeping with its restful ambiance, there are no casinos or large resorts on St. Barth, and night life does not play a major role in the life of the island. Instead, one finds a bewildering choice of restaurants offering a wonderful array of cuisines; visitors can choose from a "cheeseburger in paradise" at the renowned "Le Select" bar (immortalized in song by Jimmy Buffet) or enjoy a freshly caught grilled lobster at one of the island's more up-market eateries.

qui peut doubler pendant la pleine saison d'hiver. Les visiteurs arrivent par avion (atterrissant sur la piste connue pour sa faible longueur), ou en bateau privé ou en paquebot pour échapper au froid de l'Europe et de l'Amérique du Nord. Le tourisme est une source importante de revenus pour la plupart des habitants de l'île et il fait vivre restaurants, boutiques et agences de location de villas et de voitures.

Le charme de l'île provient non seulement de ses eaux tièdes et turquoises et de ses plages de sable blanc magnifiques, mais aussi en grande partie de sa réputation de sécurité, de propreté et de calme. C'est grâce à la tranquilité de Saint-Barth que l'île accueille chaque année un grand nombre de jet setters—vedettes de cinéma et de rock, mannequins, membres des familles royales et riches héritières. En accord avec l'ambiance paisible de l'île, il n'existe ni casinos ni grandes stations balnéaires, et la vie nocturne ne joue pas de rôle majeur dans la vie de l'île. On trouve à la place de ces activités un choix éblouissant de restaurants offrant une diversité culinaire merveilleuse; les visiteurs ont l'embarras du choix : du "cheeseburger du paradis" offert au bar "Le

Over the last two decades, the island's personality has undergone some dramatic changes. Because of St. Barth's increased popularity as a premier tourist destination, property values have risen and construction has flourished. Nonetheless, the ever-growing number of visitors puts strain on the island's limited resources, both natural and man-made. With these demands come the inevitable debates on how best to direct future development on the island without sacrificing the qualities that make St. Barth so special. We hope with the images in this book to have captured something of the beauty and character of the island as it is today.

Select" (dont Jimmy Buffet a assuré le renom par sa chanson) au homard grillé, pêché le jour même et servi dans un des multiples lieux de restauration hauts de gamme de l'île.

Au cours des deux dernières décennies, la personnalité de l'île a été transformée par des changements importants qui ont été accompagnés de débats inévitables sur la meilleure façon d'assurer le développement futur de l'île sans sacrifier les éléments qui font de Saint-Barth un endroit si spécial. Nous espérons que les photos de ce livre rendront bien la beauté et le caractère de cette île telle qu'elle existe aujourd'hui.

Formal celebrations for the annual festival of Saint Barthélemy (24 August.)

Les célébrations officielles du festival annuel de la Saint-Barthélemy (le 24 août.)

Gustavia
et
Anse de Grand Galet

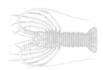

The capital of St. Barth, Gustavia, centers on its small, picturesque port, which is crowded each winter with luxurious pleasure boats. The town, nestling on the surrounding hillsides, is a visitor's delight. One of its more obvious charms is its compact size; a stroll around Gustavia is the best way to discover its quaint side streets and interesting range of architectural styles, which bear witness to the island's varied cultural history.

Restaurants and cafés abound, many in attractive settings overlooking the town and the harbor. Duty-free shopping is a popular leisure activity for tourists and the fabulous array of beautiful boutiques are

Chef-lieu de Saint-Barth, Gustavia, se situe autour d'un petit port pittoresque où on voit en hiver des yachts luxueux. La ville, nichée dans les collines avoisinantes, est un vrai plaisir pour les visiteurs. L'un des charmes les plus évidents en est la taille compacte ; la meilleure façon de découvrir le côté pittoresque des rues et la diversité intéressante de styles d'architecture qui sont des témoignages de l'histoire culturelle variée de l'île, c'est de se promener dans Gustavia.

On trouve un nombre abondant de restaurants, dont plusieurs dans des endroits attrayants ayant vue sur la ville et sur le port. Les achats sans taxes ni

magnets for passers-by. Modern-day treasures can be found in the many jewelry stores, while the latest styles in designer clothing are on show in the ever growing number of chic boutiques.

Gustavia is not without a beach; within easy walking distance is Anse de Grand Galet (Shell Beach). Covered in small shells rather than sand, this lovely beach is ideal for swimming and watching the sunset.

douanes sont un loisir prisé des touristes et les très belles boutiques sont des aimants puissants attirant les passants. Dans les nombreuses bijouteries de l'île, on trouve des trésors modernes ainsi que les modes de vêtements de couturier les plus récentes dans le nombre toujours croissant de boutiques chic.

Et Gustavia n'est pas sans plage ; une petite promenade facile vous amène à l'Anse de Grand Galet. Couverte non de sable mais de petits coquillages, cette belle plage est l'endroit idéal pour se baigner et contempler le coucher du soleil.

Gustavia's horseshoe-shaped harbor is one of the Caribbean's most picturesque anchorages.

Le havre de Gustavia en forme de fer à cheval est l'un des ports les plus pittoresques Caraïbes.

Decorative woodwork is a common feature on many older buildings.

Les boiseries décoratives sont l'une des caractéristiques communes aux nombreux édifices anciens.

Weathered wood provides an attractive contrast to this freshly painted wall.

Le bois vielli contraste agréablement avec ce mur fraîchement peint.

*Gustavia has retained much of its historic charm
and relaxed pace in spite of recent development.*

Gustavia a conservé beaucoup de son charme historique et de son rythme détendu en dépit des récents développements.

From crafts to Cartier, *there are shops of every*
description in Gustavia.

On peut trouver des boutiques de toutes sortes à Gustavia, de l'artisanat à Cartier.

A deserted case looks over Gustavia harbor toward St. Martin.

Une case déserte surplombe le port de Gustavia et donne sur Saint-Martin.

Dock space is always in high demand during the Christmas holiday season.

Durant les vacances de Noël, les postes d'amarrage sont en grande demande.

The Wallhouse Museum and Library.

Le Musée Wallhouse et Bibliothèque.

The anchor is a harbor landmark.

L'ancre est un point de repère du port.

New Year's celebrations culminate with spectacular
fireworks!

Les célébrations du Nouvel An se terminent par un
spectaculaire feu d'artifice!

Fishing has been a traditional way of life
for many islanders. Today deep-sea fishing
is popular among tourists.

La pêche est un mode de vie traditionnel pour de nombreux insulaires. Aujourd'hui, la pêche en haute mer est très populaire parmi les touristes.

*Vivid rainbow colors add brightness
to many Caribbean structures.*

*Les brillantes couleurs de l'arc-en-ciel ajoutent de
l'éclat à de nombreuses constructions des Caraïbes.*

Les Gros Islets and Pain de Sucre, silhouettes at sunset.

Les Gros Islets et Pain de Sucre, silhouettes au coucher du soleil.

Sheltered Shell Beach is ideal for swimming.

Anse de Grand Galet, bien abritée, est idéale pour nager.

In addition to being a treasure trove for shell-seekers, Shell Beach offers superb views toward the Dutch island of Saba.

Anse de Grand Galet, en plus d'être un trésor pour les chercheurs de coquillages, offre des panoramas splendides de l'île hollandaise de Saba.

Gouverneur
et
Grande Saline

One of the island's most beautiful beaches, Gouverneur, is a swathe of white sand lapped by turquoise waters. A steep road provides the only land access, which seems to deter some visitors. However, it is a picturesque spot which is excellent for swimmers, snorkelers and sunbathers, and affords excellent views of Saba, St. Eustatius and St. Kitts. Legend has it that the famous pirate, Montbars the Exterminator, favored this sheltered bay and hid his treasures in this area.

The road through the residential neighborhood of Gouverneur leads to the protected valley of Grande Saline. This area's most notable features are

Gouverneur, l'une des plus belles plages de l'île, est une bande de sable blanc caressée par les eaux turquoises de la mer. Une route très en pente est le seul accès par la terre, ce qui semble décourager certains visiteurs. Il s'agit néanmoins d'un site pittoresque et excellent pour les nageurs et les amateurs de plongée sous-marine ou de bain de soleil. D'après la légende, le célèbre pirate, Montbars l'Exterminateur, aimait cette baie abritée et y cacha ses trésors.

La route qui passe par le quartier résidentiel de Gouverneur mène à une vallée protégée qui s'appelle Grande Saline. L'attraction principale de ce quartier,

the large salt ponds, which were harvested by the local people from 1925 until 1973. The salt was shipped to Martinique or Guadeloupe. Nowadays this practice is no longer economically viable, but the ponds have been preserved as a habitat for breeding and migratory water birds.

The magnificent unspoiled beach at Saline would satisfy many a daydreamer's fantasy, and is one of the island's most popular bathing, body-surfing and snorkeling spots.

42

ce sont les grands étangs salés dont la population locale fit la culture de 1925 à 1973. Le sel était expédié en Martinique ou en Guadeloupe. De nos jours, cette pratique n'est plus viable sur le plan économique, mais les étangs ont été préservés en tant qu'habitat et lieu de reproduction pour les oiseaux marins migrateurs.

La plage magnifique de Saline est une plage de rêve et c'est une des plages les plus appréciées pour les baignades, le surf sans planche et l'exploration sous-marine.

Some days you may even have the beach to yourself.

Vous pouvez parfois avoir la chance de vous retrouver seul sur la plage.

*Overlooking Gouverneur—one of the most
pristine beaches on St. Barth.*

Surplombant Gouverneur—l'une des plages les plus belles de Saint-Barth.

46

The scrub-covered rise creates a buffer between the salt ponds and the sea. Beyond this lies the uninhabited Ile Coco.

L'élévation couverte de broussailles crée un tampon entre les étangs salés et la mer. Au-delà de ce point on trouve l'île inhabitée Coco.

*The area of Saline with its famous salt
ponds is seen from a distance.*

On voit à distance la région de Saline
avec ses fameux étangs salés.

Chickens are part of everyday life all
over the island.

*Les poulets font partie de la vie
quotidienne partout sur l'île.*

During the rainy season, the salt ponds
fill with water to form a "lake" that, on
calm days, mirrors the surrounding
hillsides.

*Durant la saison des pluies, les étangs
salés se remplissent d'eau pour former
un "lac" qui, par jours calmes, reflète
les collines environnantes.*

Unsuspecting tourists sink their Mini Moke into the mud in the salt pan.

Les touristes non avertis enfoncent leur Mini Moke dans la boue du plateau salé.

Grand Fond
et
Toiny

On the windward side of St. Barth, the island has a raw and dramatic beauty that provides a sharp contrast to the leeward side. From time to time the rocky beaches are pounded by heavy surf and strong winds—a short walk from the road is the aptly named "Washing Machine." Consequently, these beaches are favored by surfers but not recommended for swimming.

Sheltering beneath a mountain of the same name, Grand Fond has remained a quiet neighborhood inhabited mainly by local people. Among the area's most striking features are the coral walls that snake up the hillsides, evidence of earlier attempts to fence in fields and raise livestock on the sparsely vegetated land.

La partie de Saint-Barth qui est au vent, d'une beauté sauvage et impressionnante est un grand contraste avec le côté sous le vent. Les plages rocheuses sont parfois martelées par la violence des vagues et par des vents puissants : on appelle une de ces plages "Washing Machine"—avec raison. Ces plages sont donc prisées par les passionnés du surf mais elles sont déconseillées aux baigneurs.

Grand Fond, protégé par une montagne du même nom, reste un endroit calme, habité essentiellement par les gens de la communauté. Les murs faits de corail qui serpentent vers le sommet des collines sont une des curiosités de cet endroit : ce sont les preuves de tentatives antérieures de créer des enclos afin d'élever du bétail sur cette terre peu féconde.

"Washing Machine."

Nearby Toiny is home to a luxurious hotel, overlooking an attractive beach that provides enjoyment for surfers, but is treacherous for bathers. In this rustic neighborhood are fine examples of the St. Barth windward side "case" made from concrete. These dwellings have very small window openings and are built to withstand the force of hurricanes.

Dans le quartier avoisinant de Toiny se trouve un hôtel luxueux ayant vue sur une belle plage qui offre des heures de plaisir aux enthousiastes du surf mais qui est dangereuse pour les baigneurs. Dans ce quartier rustique, on trouve de beaux exemples de la "case" typique du côté du vent de Saint-Barth, construite en béton. Ces demeures aux petites fenêtres sont conçues pour résister à la force des ouragans.

57

Goats are well-suited to St. Barth's arid, steep terrain.

Les chèvres conviennent bien au terrain aride et escarpé de Saint-Barth.

Les résidences traditionnelles comptent une ou deux pièces avec la cuisine et la citerne d'eau à l'extérieur.

Traditional houses consist of one or two rooms, with a kitchen and water cistern outside.

Small window openings keep
interiors cool.

Les petites fenêtres conservent la
fraîcheur intérieure.

*A weathered facade adds character to
this old storage building.*

*Une façade vieillie ajoute du cachet à
ce vieil entrepôt.*

63

About 100 years old, this is an excellent example of "windward side" architecture.

Ceci est un excellent exemple d'architecture du "côté au vent" d'il y a 100 ans.

Overlooking Toiny.

Surplombant Toiny.

Toiny's left-hand point break.

Le brisant gauche de Toiny.

Grand et Petit Cul-de-Sac

Grand Cul-de-Sac's most notable feature is its large, sheltered lagoon, fringed with palm trees and home to several hotels and beachside restaurants, where patrons can dine al fresco with their feet in the sand. Due to the shallow, calm waters of the lagoon, this is one of the safest locations on St. Barth to learn windsurfing.

A quieter area than its neighbor, Petit Cul-de-Sac provides a safe beach for local fishermen to leave their boats. Brown pelicans, mascot of the island, also favor this beach, and can often be spotted here, resting on the prows of the fishing boats. These

L'attraction du Grand Cul-de-Sac, c'est la grande lagune abritée, bordée de palmiers. C'est là que sont situés plusieurs grands hôtels et restaurants, au bord de la plage où les invités peuvent manger en plein air, les pieds dans le sable. L'eau de la lagune étant peu profonde et très calme, il s'agit d'un des meilleurs endroits pour apprendre à faire de la planche à voile.

Le quartier voisin encore plus calme, le Petit Cul-de-Sac, offre aux pêcheurs locaux une plage bien protégée où laisser leurs bateaux. Des pélicans bruns, la mascotte de l'île, préfèrent également cette plage et on les y trouve souvent, se reposant sur les proues

skilled divers and acrobatic fliers enjoy fishing in the temperate waters as much as their human counterparts.

des bateaux de pêche. Ces plongeurs chevronnés, enthousiastes du vol acrobatique, aiment pêcher dans les eaux tempérées tout autant que leurs compatriotes humains.

69

St. Barth's climate allows windows that close with shutters rather than glass.

Le climat de Saint-Barth favorise les fenêtres à volets plutôt qu'à carreaux en verre.

A coral reef protects Grand Cul-de-Sac's tranquil lagoon.

*Un récif de coraux protège la lagune
tranquille de Grand Cul-de-Sac.*

Guanahani Hotel's beach captures the essence of a tropical paradise—white sand, palm trees and an azure sky.

La plage de l'hôtel Guanahani capture l'essence d'un paradis tropical—le sable blanc, les palmiers et un ciel d'azure.

74

*Coconut palms flourish in the salty conditions
along some of the island's coastline.*

*Les cocotiers s'épanouissent dans les conditions
salées le long de la côte de l'île.*

POINTE MILOU
ET
LORIENT

The rugged promontory of Pointe Milou provides spectacular settings for expensive villas that are perched precipitously on the cliff's edge. These remarkable examples of modern architecture and engineering command superb uninterrupted views of both the sea and the nearby islands.

Neighboring Lorient, a small village, is renowned for its two beautiful, well-tended cemeteries—a sea of white gravestones and crosses, adorned with brilliantly-colored plastic flowers. The local school tennis court serves as the island's cinema; patrons bring their own chairs and the

Le promontoire déchiqueté de la Pointe Milou est le site spectaculaire de très riches villas perchées tout au bord de la falaise. Ces exemples magnifiques d'architecture et d'ingénierie modernes ont une vue remarquable et ininterrompue de la mer et des îles avoisinantes.

Le petit village de Lorient, situé tout à côté de la Pointe Milou, est connu pour ses deux très beaux cimetières bien entretenus—on dirait une mer de croix et de pierres tombales blanches décorées de fleurs en plastique de toutes les couleurs. Le court de tennis local sert de cinéma : les spectateurs amènent leurs chaises et le film est projeté sur le

movie is projected onto the wall. Lorient beach, a long curving sweep of white sand, is a preferred location for surfing and swimming.

mur. La plage de Lorient, une belle courbe de sable blanc, est un endroit apprécié par les baigneurs et par les enthousiastes du surf.

*Flowering in summer, the Flamboyant tree
adds even more brightness to one of Lorient's
colorful cemeteries.*

*L'arbre Flamboyant, en fleur durant l'été,
ajoute encore plus de couleurs à l'un des
cimetières les plus resplendissants de Lorient.*

79

At dusk on All Saints' Day (November 1st) families remember their dead by decorating the graves with multitudes of small candles.

Au coucher du soleil de la Toussaint (1er novembre) les familles commémorent les défunts en décorant les tombes de multitudes de petites chandelles.

Although there are several junior schools on the island, children must go further afield for high school education.

Bien qu'il y ait de nombreuses écoles élémentaires sur l'île, les enfants doivent quitter l'île pour aller à l'école secondaire.

St. Barth's beauty has persuaded many wealthy
visitors to build or purchase their own island
hideaway. As these houses are often used only for
vacation, many are available for rent.

*La beauté à Saint-Barth a persuadé de nombreux
riches visiteurs à construire ou acheter leurs
propres abris insulaires. Comme ces demeures
servent seulement pour les vacances, elles sont
souvent à louer.*

*Lorient's surf hut provides an excellent
vantage point for checking the waves.*

*La hutte de Lorient est un excellent
point d'observation des vagues.*

SAINT-JEAN

A swathe of white sand against sparkling blue waters, this broad, beautiful bay is the most developed stretch of coastline on St. Barth. Beachfront homes and hotels open out onto a magnificent white sand beach and temperate waters lapping at their doorsteps. Restaurants and boutiques ply their trade to sunbathers, swimmers and windsurfers. There are several commercial centers in St. Jean that provide a wide range of services and shops for visitors and locals alike.

Two major landmarks distinguish St. Jean. The first is Eden Rock, a large "hump" jutting out from the beach, that was home to Rémy de Haenen, first to land an airplane on St. Barth, in 1945. This superb location is now a recently renovated hotel, restaurant and beach club. The second feature is the

Cette baie, large et magnifique, est l'une des parties de la côte les plus développées de Saint-Barth. Les villas et les hôtels qui y sont situés donnent sur une plage de sable blanc magnifique et les eaux tempérées viennent jusqu'au ras des portes. Restaurants et boutiques offrent leurs services et leurs produits aux amateurs de bains de soleil, de planche à voile ou de baignade. Plusieurs centres commerciaux sur Saint-Jean offrent une gamme complète de services et de magasins à la fois aux visiteurs et aux résidents.

Deux curiosités importantes sont uniques à Saint-Jean : tout d'abord, l'Eden Rock, une grande "bosse" surgissant au milieu de la plage ; elle fut le domicile de Rémy de Haenen, le premier pilote ayant atterri à Saint-Barth en 1945. Ce site superbe

airport, one of the shortest commercial landing strips in the world which can only accommodate small private planes and STOL (short take-off and landing) aircraft. Many visitors enjoy standing on La Tourmente, a hill above the airport, taking photographs as aircraft rush past only meters above their heads.

comprend actuellement un hôtel, récemment rénové, un restaurant et un club sur la plage. La deuxième curiosité, c'est l'aéroport, dont la piste d'atterrissage figure parmi les pistes commerciales les plus courtes du monde. L'aéroport ne peut accepter que les petits avions privés et les avions STOL (atterrissage et décollage courte distance). Beaucoup aiment passer leur temps sur La Tourmente, la colline située au-dessus de l'aéroport, à regarder avec étonnement les avions passer à quelques mètres au-dessus de leurs têtes.

St. Jean Bay viewed from Morne Criquet.

Vue de la baie Saint-Jean de Morne Criquet.

*Arriving by airplane to St. Barth's notoriously
short runway is always an adventure.*

*C'est toujours une aventure d'atterrir
sur la très courte piste de Saint-Barth.*

Villa Créole shopping center offers a range of boutiques and specialty stores.

Le centre commercial Villa Créole offre une gamme de boutiques et de magasins spécialisés.

Beachwear is essential attire on St. Barth.

À Saint-Barth, le port des vêtements de plage est de mise.

*St. Jean is one of the island's most popular
windsurfing locations.*

*Saint-Jean est l'un des sites des sites les plus
populaires de l'île pour la planche à voile.*

Some of the island's top windsurfers have
competed internationally.

Certains des meilleurs planchistes de l'île ont
participé à des compétitions internationales.

*Surrounded by water on three sides, Eden Rock
has unique views of the bay.*

*Entouré d'eau de trois côtés, l' Eden Rock
offre une vue unique de la baie.*

The dream vacation—a Caribbean
sunset and a good book.

*Les vacances de rêves—un coucher de
soleil des Caraïbes et un bon livre.*

The hardy local hibiscus is resistant to
drought and many pests.

*Le robuste hibiscus local résiste à la
sécheresse et à de nombreux insectes.*

Anse des Cayes
et
Flamands

On the leeward side of St. Barth, Anse des Cayes is primarily a residential neighborhood. Homeowners on the hillsides enjoy panoramic views over the white sand beach below, a favorite spot among local surfers. A luxury hotel and several restaurants lure tourists to visit this peaceful corner of the island.

Nearby, in the village of Flamands, one of the first features to catch a visitor's attention is the relatively lush vegetation—coconut and banana palms, bougainvillaea and hibiscus flourish. Among the broadest of the beaches on St. Barth, Flamands is a wide stretch of white sand edged with private homes, and luxurious hotels that boast beachside

Sur le côté sous le vent de Saint-Barth, on trouve l'Anse des Cayes, un quartier essentiellement résidentiel. Les propriétaires des maisons situées sur les collines bénéficient de vues panoramiques de la belle plage blanche située au pied des collines, un endroit favori des enthousiastes locaux du surf. Un hôtel de luxe et plusieurs restaurants incitent les touristes à visiter ce coin paisible de l'île.

Dans le village avoisinant de Flamands, une des premières choses attirant l'attention du visiteur est la végétation relativement verdoyante—palmiers, bananiers, bougainvillées et hibiscus y fleurissent en abondance. La plage du village de Flamands est une des plages de sable blanc les plus larges de l'île ; elle

restaurants. The beach provides safe swimming, and is an excellent spot for a seaside stroll, with views toward the small nearby islands of Chevreaux (also known as Bonhomme) and Frégate.

est bordée de maisons privées et d'hôtels de luxe avec restaurants au bord de la plage. La plage est un endroit où l'on peut se baigner en toute sécurité les jours de beau temps. C'est également un endroit excellent pour se promener le long de la mer, avec une vue donnant sur les îlots voisins de Chevreaux et Frégate.

104

Flamands Beach.

La plage des Flamands.

View overlooking Anse des Cayes.

Vue panoramique de l'Anse des Cayes.

Though harmless and easily frightened, iguanas are still seen on St. Barth. Unfortunately, they are in danger of becoming extinct.

On rencontre encore des iguanes inoffensifs à Saint-Barth bien qu'ils soient facilement effrayés. Malheureusement, ils sont en voie d'extinction.

The female hummingbird constructs her small nest from spider webs and plant down.

La femelle colibri construit son petit nid de toiles d'araignées et de duvet de plantes.

*Devastated by Hurricane Luis in September
1995, Flamands beach is once again a broad
swathe of white sand.*

*Dévastée par l'ouragan Luis en septembre
1995, la plage des Flamands redevient à
nouveau une vaste étendue de sable blanc.*

*A Flamboyant tree in full bloom presides
over a wrecked fishing boat.*

*Un arbre Flamboyant en fleur retombe sur
un bateau de pêche échoué.*

COLOMBIER ET COROSSOL

*O*n the northern end of the island is the tranquil residential neighborhood of Colombier, which enjoys panoramic vistas over the sea and nearby islands. However, Colombier is usually associated with the idyllic bay of the same name, accessible only by sea or by walking for twenty minutes along a winding pathway to the beach. This sheltered bay is a favorite spot for cruising yachts to anchor and enjoy the peaceful waters that are ideal for a variety of water sports.

In contrast, Corossol is a densely populated area (by St. Barth standards). This small fishermen's village is brimming with wonderful examples of "leeward side" architecture. These traditional, pastel-

A l'extrémité nord de l'île se situe le quartier résidentiel et tranquille de Colombier, qui offre des panoramas merveilleux de la mer et des îles avoisinantes. Mais le nom de Colombier évoque généralement la baie idyllique du même nom qui est accessible uniquement par la mer ou par ou en marchant vingt minutes le long d'un sentier tortueux menant à la plage. Cette baie bien abritée est un endroit favori des yachts de croisière : ils s'y ancrent pour profiter des eaux paisibles et pour regarder la variété de sports aquatiques que l'on y pratique.

Contrastant avec cette tranquilité, Corossol est un endroit fortement peuplé (d'après les normes de Saint-Barth). Ce village de pêcheurs est rempli

colored "cases," normally consisting of only one or perhaps two rooms, are wooden and decorated with white 'gingerbread' edgings. Another unique feature of this area are the woven straw handicrafts, made by older women in the community, that are for sale along the roadside. Corossol's sheltered beach provides a calm anchorage for local fishermen and a beautiful view of the sunset.

d'exemples d'architecture "sous le vent." Ces "cases" multicolores traditionnelles, comportant habituellement une ou deux pièces, sont fabriquées en bois et décorées de bordures travaillées en blanc. On trouve également dans cette région des travaux faits main en paille tissée, faites par les femmes âgées de la collectivité, qu'elles vendent au bord de la rue. La plage bien abritée de Corossol est un endroit d'ancrage préféré des pêcheurs locaux qui offre une vue excellente du coucher du soleil.

Weavings from the dried heart of the Lantania or Sabal palm are still crafted in Corossol.

A Corossol, l'on tresse encore les coeur de palmiers sèchés Latania ou Sabal.

Although wickerwork is a dying art, you can still find locally-made baskets and hats. Panama hats are one of the most popular purchases.

Bien que le travail de l'osier soit un art qui se meurt, vous pouvez encore trouver des paniers et des chapeaux fabriqués localement. Les chapeaux Panama sont l'un des achats les plus populaires.

The gingerbread houses of St. Barth are rapidly disappearing as locals and tourists are favoring more contemporary designs.

Les maisons en pain d'épices de Saint-Barth disparaîssent rapidement car les insulaires et les touristes préférent les modèles plus contemporains.

120

*Corossol is home to many "saintoises," the
traditional open fishing boat of the West Indies.*

*Corossol accueille de nombreux "saintoises", les
bateaux de pêche traditionnels des Antilles.*

Firecracker

Goutte de Sang

The lookout at Colombier has magnificent views over the bay and nearby islands.

122

Le belvédère de Colombier offre une vue magnifique de la baie et des îles avoisinantes.

An old house in Colombier.

Une vielle maison de Colombier.

Miss Cecilia Turbé, standing in front of
her parents' house, was born on the
island and has lived there all of her life.

Mademoiselle Cecilia Turbé, native de
l'île, devant la maison de ses parents.

CARNAVAL

*I*t might not compete with Rio's in size, but the annual Carnival in St. Barth is greeted by the locals with just as much enthusiasm. Preparations begin weeks ahead, as community organizations and businesses plan and construct their costumes and floats. According to Christian tradition, this is a time of joy and fun before the solemnity and sacrifices of Lent.

Festivities commence with the Children's Parade, which takes place on the Friday before Ash Wednesday. The Mardi Gras parade follows four days later, on Shrove Tuesday. Floats wend their way through the center of Gustavia, cheered on by brightly costumed onlookers. Once their tour of the town's streets is complete, festivities move to the

*L*e festival de Mardi Gras à Saint-Barth n'a pas l'ampleur du Mardi Gras de Rio mais cette célébration annuelle est fêtée avec tout autant d'enthousiasme. Les préparations commencent des semaines à l'avance, les associations et commerces de la collectivité planifient leurs déguisements et construisent leurs chars pour le défilé. Suivant la tradition chrétienne, c'est une époque de joie et de divertissement avant la solennité et les sacrifices du carême.

Les fêtes commencent par le Défilé des enfants, le vendredi précédant le mercredi des Cendres ; le défilé du Mardi Gras a lieu quatre jours plus tard. Les chars s'acheminent vers le centre de la ville de Gustavia aux cris des spectateurs déguisés en

dock, where music and dancing continue late in to the evening. Carnival celebrations culminate on Ash Wednesday with the burning of Vaval, Carnival's mascot, at Shell Beach.

costumes multicolores. Une fois le tour des rues terminé, les réjouissances se déplacent vers le quai où musique et danse continuent tard dans la nuit. Les fêtes du carnaval se terminent le mercredi des Cendres avec l'incinération de Vaval, la mascotte du Carnaval, sur la Plage de Grand Galet.

129

Participating in the Carnival procession is an annual highlight for local children.

Pour les enfants d'ici, participer à la procession du Carnaval est le clou de l'année.

Whether as spectators or participants,
everyone wants to join in the celebration.

Que ce soit à titre de spectateurs ou de
participants, tout le monde veut se joindre
à la célébration.

The children's enthusiasm is infectious.
Carnival is time to party.

L'enthousiasme des enfants est contagieux.
Le Carnaval c'est la fête.

134

No amount of decoration or embellishment is considered "too much" for a Carnival costume. The brighter the better!

Pour un costume de carnaval, il n'y a jamais "trop" de décorations ou de garnitures. Plus c'est éclatant, mieux c'est!

Remerciements

Aucun livre ne peut devenir réalité sans la coopération, la considération, les efforts et la générosité d'un grand nombre de personnes pleines de talent. Nous aimerions remercier et témoigner notre appréciation envers les personnes suivantes qui nous ont tant aidés à produire ce livre:

~ La famille Taylor, qui nous a présenté l'île et qui A rendu possible toute notre expérience sur Saint-Barth.

~ Les habitants de Saint-Barth qui ont posé pour les photos ou qui nous ont permis d'entrer sur leurs propriétés.

~ Marius Stakelborough pour son Introduction éclairante.

~ M. Yves Gréaux, maire adjoint, pour son appui au projet et son aide pour vérifier le texte.

~ Les nombreuses personnes qui sont venues nous rendre visite pendant leurs vacances et qui ont si gentiment rapporté des pellicules aux Etats-Unis pour les faire développer, ainsi que Jan Grant et Paula Bennett qui nous ont ramené les photos—des liens essentiels à l'assemblage de ce groupe d'images.

~ Barbie Jackson et Simon Mendez, des contacts indispensables qui nous ont aidé sans faillir et sur lesquels nous avons toujours pu compter.

~ Le personnel de Concepts Publishing pour leurs conseils professionnels, leur foi en nos idées et leur courage de travailler avec un couple inconnu.

~ Toutes les personnes qui ont commandé ce livre alors qu'il n'était qu'un concept, et qui ont donc contribué à sa réalisation.

Nous espérons que vous êtes tous aussi fiers du produit fini que nous.

ACKNOWLEDGEMENTS

*N*o book becomes a reality without the cooperation, consideration and hard work of many talented and generous people. For assistance with the production of this book, we would like to extend our deepest thanks and appreciation to:

~ the Taylor family, who introduced us to the island and made our whole
   St. Barth experience and this book possible.
~ the inhabitants of St. Barth who posed for photographs or allowed access
   to their properties.
~ Marius Stakelborough for contributing his thoughtful Introduction.
~ M. Yves Gréaux, Assistant Mayor, for his support of the project and assistance
   in checking the text.
~ the many people who visited us for a holiday and ended their vacation by sending
   off film in the USA for processing, and Jan Grant and Paula Bennett who ensured
   that it found its way back to us—vital links in assembling this group of images.
~ Barbie Jackson and Simon Mendez—for their help.
~ the staff at Concepts Publishing, for giving us professional guidance, having faith
   in our ideas, and the courage to publish a couple of unknowns.
~ everyone who placed orders for the book when it was still an idea, and so helped it
   to come to fruition.

We hope you are as proud of the final product as we are.
Charles and Christine Didcott